relax

relax

relax

relax

relax

relax

relax

relax

relax

relax

relax

relax

relax

relax

relax

relax

relax

relax

relax

relax

relax

relax

relax

relax

relax

relax

relax

relax

relax

relax

relax

relax

relax

relax

relax

relax

relax

relax

relax

relax

relax

relax

relax

relax

relax

relax

relax

relax

relax

relax

relax

relax

relax

relax

relax

relax

relax

relax

relax

relax

relax

relax

relax

relax

relax

relax

relax

keep
calm

Lightning Source UK Ltd.
Milton Keynes UK
UKHW030625030621
384863UK00007B/726

9 781802 991673